Guatemala

D1210216

Editorial Everest le agradece la confianza depositada en nosotros al adquirir este libro, elaborado por un amplio y completo equipo de publicaciones formado por fotógrafos, ilustradores y autores especializados en turismo, junto a nuestro moderno departamento de cartografía.
Everest le garantiza la total actualización de los datos contenidos en la presente obra hasta el momento de su publicación, y le invita a comunicarnos toda información que ayude a la mejora de nuestras guías, porque nuestro objetivo es ofrecerle siempre un TURISMO CON CALIDAD.

TURISMO
CON CALIDAD
EVEREST

Puede enviarnos sus comentarios a:
Editorial Everest. Dpto. de Turismo
Apartado 339 – 24080 León (España)
e-mail: turismo@everest.es

Editorial Everest would like to thank you for purchasing this book. It has been created by an extensive and complete publishing team made up of photographers, illustrators and authors specialised in the field of tourism, together with our modern cartography department. Everest guarantees that the contents of this work were completely up to date at the time of going to press, and we would like to invite you to send us any information that helps us to improve our publications, so that we may always offer QUALITY TOURISM.

QUALITY
TOURISM
WITH
EVEREST

Please send your comments to:
Editorial Everest. Dpto. de Turismo
Apartado 339 – 24080 León (Spain)
Or e-mail them to us at turismo@everest.es

Dirección editorial / Editorial management: Raquel López Varela

Coordinación editorial / Editorial coordination: Eva María Fernández

Texto / Text: Francisco Sánchez Ruiz

Fotografías / Photographs: Edgar de Puy y Francisco Sánchez (Georama)

Diagramación / Diagrams: Concepción Moratiel

Diseño de cubierta / Cover design: Alfredo Anievas

Traducción / Translated by: Polaria

Cartografía / Cartography: Servicios editoriales Georama

Agradecimientos / Acknowledgments: INGUAT (Maru Acebedo, Migdalia de Barillas), Librerías Artemis

© EDITORIAL EVEREST, S. A.
Carretera León-La Coruña, km 5 - LEÓN
ISBN: 84-241-0491-9
Depósito legal / Legal deposit: LE: 606-2005
Printed in Spain - Impreso en España

EDITORIAL EVERGRÁFICAS, S. L.
Carretera León-La Coruña, km 5
LEÓN (España / Spain)

www. everest.es
Atención al cliente: 902 123 400

VOLCANES Y SELVA EN LA ETERNA PRIMAVERA

Guatemala es un país de América Central, uno de los más extensos (con cerca de 110.000 km²), más poblados (unos 12 millones de habitantes) y con mayor número de indígenas (la mitad de la población total). Está bañado por el Océano Pacífico, al sur, y por el Mar Caribe, al este, en la pequeña franja del Golfo de Honduras.
A grandes rasgos son tres las regiones naturales que comprende: las planicies del norte, los sistemas montañosos del centro y las tierras bajas del Pacífico.
La zona norte está ocupada por una planicie así como una espesa selva donde se esconde el mítico mundo de los mayas. La **región del Petén** es la zona de Guatemala menos poblada y más desconocida; son las ruinas de ciudades mayas como **Tikal** las que han atraído turistas y exploradores a estas selvas de bosques húmedos que todavía guardan no pocos secretos entre los enormes árboles tropicales. La superficie de bosques es muy importante, aunque en los últimos años ha sufrido un importante retroceso, poniendo en peligro los ricos ecosistemas del país.

AN ETERNAL SPRING OF JUNGLES AND VOLCANOES

Guatemala is one of the largest Central American countries (nearly 68,000 sq. miles) and one of the most heavily populated (around 12 million inhabitants). It also has the greatest number of indigenous peoples (half the total population). The Pacific Ocean borders it on the south and, to the east, on that small strip which is the Gulf of Honduras, it is bathed by the Caribbean Sea.
In general terms, Guatemala can be divided into three geographical regions: the northern plateau, the central mountain ranges, and the Pacific lowlands.
The northern zone ranges from grasslands to the dense jungle in which the mythical world of the Mayans is hidden. The **Petén region** is the most sparsely populated and the least well-known. It is the ruins of Mayan cities such as **Tikal** which have attracted tourists and explorers to these tropical rainforests which still harbor their share of secrets among the enormous jungle trees. The area of land covered by rainforest is vast though it has diminished considerably over the last few years thus threatening the nation's varied ecosystems.

Tikal. Templo I o del Gran Jaguar.

Tikal. Temple I or the Great Jaguar Temple.

La Antigua. Comerciantes indígenas de artesanías.

La Antigua. Native Americans selling handicrafts.

*Iglesia y convento de Santa Clara,
La Antigua Guatemala.*

*A church and convent of Santa Clara,
La Antigua Guatemala.*

El **lago Izabal** abre el país al Caribe y, más al sur, se encuentra el **Valle de Montagua**, que separa la región montañosa y sus altiplanos. Está compuesta de diferentes cordilleras y unos 32 volcanes, 3 de ellos activos. **La Sierra Madre** (la Sierra de los Cuchumatanes, la del Chamá, la de Chuacús y la de las Minas) ocupa casi dos tercios de la superficie de Guatemala y atraviesa el país de este a oeste. Comprende altos volcanes y picos, destacando el **volcán Tajumulco**, que con 4.220 m es la cumbre más elevada de Centroamérica. En las altiplanicies entre volcanes y valles fluviales se concentra buena parte de la población guatemalteca y se localiza la capital, la ciudad de Guatemala, una de las urbes más pobladas de Centroamérica. Fue destruida por un terremoto en el año 1917, fuerte seísmo que se repetiría en 1976 arruinando buena parte de las viviendas capitalinas, sobre todo en su periferia. En esta región se halla además la ciudad colonial de **La Antigua Guatemala**, la vieja capital también arrasada por un potente terremoto; el **lago Atitlán**, idílico rincón rodeado de pueblos indígenas y volcanes; **Chichicastenango**, famosa por su mercado, que sincretiza como la religión miles de colores; y **Xela** o **Quezaltenango**, la segunda ciudad del país, puerta de entrada a los pueblos del Altiplano más remotos y desconocidos.

• •

*Lake Izabal is the country's link to the Caribbean Sea, and **Montagua Valley** is located further south. This Valley divides the northern zone from the mountainous regions. It is made up of several mountain ranges and 32 volcanoes, three of which are active. **The Sierra Madre** mountain range (the Sierra de los Cuchumatanes, the Sierra del Chamá, the Sierra de Chuacús and the Sierra de las Minas) covers almost two-thirds of Guatemala. It traverses the country from east to west and is full of lofty peaks and volcanoes. The highest volcano, **Tajumulco**, located at an altitude of 13, 845 feet, is also the highest point in Central America. The majority of the Guatemalan population lives on the mountain plateaus, which are to be found between the volcanoes and the flood plains of the valleys. Guatemala City, one of the largest cities in Central America, is located on just such a plateau. The city was destroyed by a major earthquake in 1917 and another in 1976 ruined a substantial number of the city's buildings, especially those in outlying areas. Also found in this highland region are: the former capital and colonial city of **La Antigua Guatemala** which was also leveled by a devastating earthquake; **Lake Atitlán**, an idyllic spot surrounded by volcanoes and indigenous villages; **Chischicastenango,** known for its colorful market; and **Xela** or **Quezaltenango,** the country's second largest city and gateway to the most remote and least explored villages of the high plateaus.*

Quezaltenango.
Indígenas.

Quezaltenango.
Native Americans.

Quezaltenango. Cerro Quemado.

Quezaltenango. Cerro Quemado Volcano
(Burned Mountain).

Chichicastenango. Imágenes del mercado.

Chichicastenango. Marketplace scenes.

Finalmente, bajo estas barreras orográficas se encuentran las **tierras bajas del Pacífico**, una franja litoral que no supera los 50 kilómetros de ancho y por donde discurren ríos de cauce caudaloso. También es una región poco poblada y quizá la más desconocida a nivel turístico, a pesar de tener un litoral poco accidentado cubierto de manglares y palmeras. Guatemala dispone de una importante red hidrográfica en la que destacan los **ríos Montagua**, **Usumacinta**, **Negro**, **de la Pasión** y el río **San Pedro**. No hay que olvidar lagos importantes que se convierten también en recurso turístico del país: el bello **lago Atitlán** y el **lago Izabal**, puerta del Caribe.

Por su situación entre el Trópico de Cáncer y el Ecuador, Guatemala tiene dos estaciones: el verano o época seca (de octubre a mayo) y el invierno o época de precipitaciones (siendo el mes más lluvioso septiembre). La orografía afecta lógicamente a las temperaturas, lo que provoca que en las sierras o tierras altas se registren unas temperaturas agradables, con noches algo frescas. Por otro lado las costas del Caribe, Pacífico y la Selva del Petén registran un ambiente caluroso y más soleado, siendo el Valle del Montagua una de las regiones más cálidas de Centroamérica. La humedad intensifica la sensación de calor en la época lluviosa. Las principales ciudades se ubican a algo más de 1.000 metros y tienen todo el año una temperatura agradable.

• •

*Finally, south of these mountain barriers the **Pacific lowlands** can be found. This strip of land along the coast is no more than 30 miles wide and abounds with swift rivers. It is also a sparsely-populated region and perhaps the least frequented by tourists, in spite of its nearly unbroken coastline covered with mangrove swamps and palm trees.*

*Guatemala has access to an abundant river system in which the **Montagua**, **Usumacinta**, **Negro**, **San Pedro** and **Río de la Pasión** rivers figure as the most important. And it would be a mistake to forget to mention the large lakes: beautiful **Lake Atitlán** and **Lake Izabal**, gateway to the Caribbean.*

Because to its location between the Tropic of Cancer and the equator, Guatemala has two seasons: the dry season (from October to May) and the rainy season (September is the rainiest month of this season). Of course, the high elevation affects the temperature so that these regions experience pleasant daytime temperatures and somewhat cool nights. By contrast, the Petén jungle and the Caribbean and Pacific coasts have a hot, sunnier climate and the Montagua Valley is one of the warmest regions in Central America. The high humidity during the rainy season makes the air feel even hotter at this time. Guatemala's largest cities are all located at altitudes of over 3000 feet and have pleasant temperatures year round.

Río Dulce. Centro de recreo turístico.

Río Dulce (Sweet River). Recreational area for tourists.

Atitlán. Lago.   Atitlán. Lake.

Atitlán. Volcán Tolimán.   Atitlán. Tolimán Volcano.
Embarcadero de Panajachel.   Panajachel Pier.

Copán (Honduras). Estela dedicada a Waxaklahun Ubah, conocido como 18 Conejo.

Copán (Honduras). A stele dedicated to Waxaklahun Ubah, also known as 18 Rabbit.

TIERRA Y SECRETO MAYA

Los primeros vestigios de población en territorio guatemalteco datan de 3000 a. C., siendo en la costa del Pacífico donde la misteriosa y apasionante civilización maya dejó sus primeros asentamientos, destacando el sitio de Monte Alto, en La Democracia. También fundaron ciudades como **Kaminaljuyú**, en lo que sería el emplazamiento de la actual ciudad de Guatemala. Fue en el período conocido como preclásico tardío cuando se fundan, gracias a los avances tecnológicos, los famosos templos del norte selvático del país, como **Nakbé** o **El Mirador**; sería en esta época (entre el 300 a. C. y el 300 d. C.) cuando esta civilización desarrolla la escritura. El período clásico (a partir del 300 d. C.) es el de máximo esplendor de la cultura maya. En esa época prosperan ciudades como **Quiriguá**, conocida por sus majestuosas estelas, o la vecina **Copán**, en Honduras. Es la época del esplendor de Tikal, pero también se incrementan los conflictos bélicos y llegan al final del periodo clásico.

Dos imágenes de Copán
(Honduras). Arriba, Juego de Pelota.
Abajo, estela y figura zoomorfa.

Two scenes at Copán (Honduras).
Above, the Ball Court. Below,
a stele and an animal figure.

Quiriguá.
Estela.

Quiriguá.
Stele.

MAYAN LANDS AND SECRETS

The earliest traces of human habitation in Guatemalan territory date back to 3000 B.C. and are located on the Pacific Coast, where the mysterious and fascinating Mayan civilization left its first settlements, chief among them the Monte Alto site, in La Democracia. They also founded cities such as **Kaminaljuyú** on the site of what is now Guatemala City. It was during the time known as the Late Pre-Classic Period that, thanks to technological advances, the famous religious centers such as **Nakbé** or **El Mirador** were built in the northern jungles of Guatemala. The Mayans also developed their system of writing during this period (between 300 B.C. and 300 A.D.). The Classic Period (after 300 A.D.) witnesses the height of Mayan culture. During this time, cities such as **Quiriguá,** known for its magnificent steles, and nearby **Copán,** in Honduras, flourish. It is the time of Tikal's greatest splendor but the end of the Classic Period is also the time of increased warfare.

*Ciudad de Guatemala.
Mosaico de la Plaza de
España alusivo a Colón y
los Reyes Católicos.*

*Guatemala City. Mosaic
mural at the Plaza de
España which recalls
Columbus and the
Catholic Kings,
Ferdinand and Isabella.*

La civilización maya floreció hasta los 10 primeros siglos de nuestra era en Guatemala, así como en parte de los países vecinos (México, Belice, Honduras y El Salvador), y pasó a segmentarse en pequeños reinos cuya población abandonó las planicies de Petén para asentarse en las montañas. Fruto de ese fenómeno es la diversidad etnolingüística actual de Guatemala.

Soportando una fiera resistencia, las tropas españolas al mando de Pedro de Alvarado penetraron en el territorio en 1524, destruyendo asentamientos mayas como Zaculeu y Mixco Viejo y controlando el territorio en pocos años desde Iximché (capital Kaqchikel). Fue un período de reajuste de los diferentes pueblos surgidos de la época maya, todos enfrentados. Sería en 1821 cuando las autoridades coloniales, apoyadas por terratenientes y comerciantes, proclamarían, de manera pacífica, la independencia de lo que fue el Reino de Guatemala, que englobaba a la actual Guatemala, Honduras, El Salvador, Nicaragua, Costa Rica y el Estado mexicano de Chiapas. El Reino de Guatemala pasó a conocerse como Provincias Unidas de Centroamérica, federación que duraría sólo hasta 1839. Endeudado el joven gobierno guatemalteco, entregará al Reino Unido el actual territorio de Belice, conocido antes como Honduras Británica, la mayor parte de la fachada atlántica y caribeña de Guatemala. En la actualidad Belice aparece cartografiado como parte integrante de Guatemala y casi la mitad de su territorio es reclamado por el gobierno guatemalteco mientras no se establezca una frontera reconocida. La Reforma Liberal de 1871 y la introducción del cultivo masivo del café (en sustitución de los tintes vegetales) hizo a los pueblos sucesores de los mayas perder buena parte de sus tierras comunales, que concentrarían grandes terratenientes dedicados al monocultivo. Los primeros años del siglo XX supusieron la entrada de capitales norteamericanos que se fueron adueñando de los sectores claves de la economía del país, cuyo ejemplo más claro fue la United Fruit Company, que deforestó grandes extensiones para el monocultivo del banano. Como en buena parte de los estados centroamericanos, la pugna entre liberales y conservadores, la omnipresencia del gigante americano y la sucesión de gobiernos militares marcaron buena parte de la escena política de los siglos XIX y XX. En ese contexto surgieron las FAR (1962) y otros movimientos armados rebeldes que fueron contestados con una de las más sangrientas represiones. En 1987 se reunieron en Madrid la guerrilla y el gobierno, después de casi 30 años de enfrentamientos armados, y a finales de 1996, después de más de tres décadas de violencia, se firmaron los acuerdos de paz que suponen el final del conflicto armado interno y el reasentamiento de desplazados. Tres años antes, Rigoberta Menchú, perteneciente a una de las etnias mayoritarias (la k'iche'), recibe el Premio Nobel de la Paz en reconocimiento por la lucha de los frágiles derechos de la mayoría indígena de su país.

Más de un 60% de la población constituye una amalgama de pueblos descendientes de los mayas que hablan unos 22 idiomas (kaqchikel, k'iche', tz'utujil, mam… por citar sólo algunos) y tienen como religión una forma de catolicismo sincretizado con las creencias indígenas. Otros pueblos y culturas son los ladinos (descendientes de amerindios y españoles), la población garífuna del Caribe y la minoría blanca, muy influyente en la economía y la política.

Guatemala se divide en 22 departamentos; buena parte de la población vive en el altiplano, entre las sierras, y sobre todo en la capital y su área metropolitana, que concentra casi 3 millones de habitantes.

*Ciudad de Guatemala.
Monumento a Miguel
García Granados, líder
de la Reforma Liberal.*

*Guatemala City.
Monument to Miguel
García Granados, leader
of the Liberal
Reformation.*

The Mayan civilization flourished in Guatemala as well as in some parts of neighboring countries (Mexico, Belize, Honduras, and El Salvador) until 1000 A.D. Around this time it began to break up into small settlements and kingdoms whose inhabitants abandoned the Petén plateau to make their home in the mountains. The present-day ethnological and linguistic diversity in Guatemala is a result of this dispersion. Spanish troops led by Pedro de Alvarado in 1524 first ventured into this area and were met by fierce resistance. They destroyed Mayan settlements such as Zaculeu and Mixco Viejo and in just a few years they controlled the territory from their headquarters in Iximché (the capital Kaqchikel). It was a period of readjustment for the different groups, all of them threatened, who had descended from the Classical Mayans. In 1821 the colonial authorities, supported by landholders and merchants, pacifically proclaimed independence from what was then called the Kingdom of Guatemala, which was made up of what is now Guatemala, Belize, Honduras, El Salvador, Nicaragua and Costa Rica, and the Mexican state of Chiapas. The Kingdom of Guatemala became the United Provinces of Central America but this federation only lasted until 1839. The young Guatemalan government, burdened by debt, ceded what is today Belize (formerly known as British Honduras) to the United Kingdom, and with it the majority of Guatemala's Atlantic and Caribbean coast. Today maps of Belize show it as part of Guatemala and, in fact, almost half of its territory is claimed by the Guatemalan government. This situation will continue until a border recognized by both nations is established. The Liberal Reform of 1871 and the introduction of coffee growing on a large scale (which took the place of vegetable dye production) resulted in the Mayan descendants' losing a large part of their communal lands, which were taken over by wealthy landowners who used the land for the cultivation of a single crop. The first years of the 20th century heralded the arrival of US capital which little by little gained control over key economic sectors of the country. The best example of this is the United Fruit Company, which deforested large areas in order to grow bananas. As is true in the majority of Central American nations, the conflict between liberals and conservatives, the omnipresence of the American giant, and the succession of military governments characterized the political scene in the 19th and 20th centuries. FAR (1962) and other armed rebel movements arose out of this context and the government's reaction to them was one of violent repression. In 1987 the government and the guerillas met in Madrid after almost thirty years of armed confrontations, and at the end of 1996, after three decades of violence, peace treaties were signed which signaled the end of an internal armed conflict and the retaking of the land by those who had been dispossessed. Three years earlier, Rigoberta Menchu, a K'iche' Mayan (one of the main indigenous groups in Guatemala) was awarded the Nobel Peace Prize for her fight to support the fragile rights of the indigenous majority in her country.

More than 60% of the Guatemalan population is made up of a mixture of peoples descended from the Mayans. They speak a total of twenty-two different languages (kaqchikel, k'iche', tz'utujil, mam… to name a few) and practice a religion which fuses Catholicism and indigenous beliefs. Other ethnic groups and cultures include the "ladinos" (descendents of native peoples and Spaniards), the Garifuna peoples of the Caribbean, and the white minority, influential in economics and politics.

Guatemala is divided into 22 states called "departments." A majority of Guatemalans live on the highlands between the mountain ranges, especially in the capital and its metropolitan areas and whose combined population is almost 3 million people.

UNA GRAN CIUDAD A PESAR
DE LOS TERREMOTOS

Situada en una amplia meseta atravesada por
barrancos, la extensa Ciudad Capital de Guatemala o
"Guate", como también se la conoce, se encuentra a
unos 1.500 metros de altitud sobre el nivel del mar. Su
territorio se divide administrativamente en 21 zonas
atravesadas por un sistema de avenidas y calles
numeradas, destacando las avenidas Las Américas, La
Reforma, la calzada Roosvelt y el bulevar Los Próceres.
Una circunvalación que se denomina Periférico
permite salir a las diferentes direcciones del país:
Puerto Quetzal (al sur), Puerto Barrios (al norte y este),
La Antigua o Mixco Viejo (al oeste).
Por su magnitud, la ciudad más populosa de
Centroamérica es un importante centro de servicios
con numerosos monumentos. Constituye un punto de
llegada del turismo internacional, ya que en
Guatemala sólo existen dos aeropuertos
internacionales, el de la capital y el de Flores, mucho
menor. Eso sí, concentra los mejores hoteles del país,
caso del moderno edificio del Tikal Futura o el lujoso
Quinta Real, así como Centros de Convenciones. Por
sus modernos centros comerciales, la ciudad de
Guatemala también se convierte en un punto de
referencia a la hora de realizar compras,
especialmente de artesanía nacional. El tráfico, la
contaminación, el bullicio y la inseguridad nocturna
en algunas zonas son características que comparte con
muchas ciudades de su dimensión.

*Hotel Tikal Futura. Ciudad de
Guatemala.*

Tikal Futura Hotel. Guatemala City.

*Ciudad de Guatemala. Edificios en la
Avenida La Reforma.*

*Guatemala City. Buildings on the
Avenida La Reforma.*

A GREAT CITY IN SPITE OF
THE EARTHQUAKES

*Located on a spacious plateau broken by deep ravines,
the sprawling capital city or "Guate," as it is also
known, is found almost 5000 ft. above sea level.
Politically, it is divided into 21 zones which are
traversed by a grid of avenues and numbered streets.
The most well-known thoroughfares include Avenida
de las Americas, La Reforma, La Calzada Roosevelt
and Los Próceres Boulevard. A bypass called the
Periférico allows the motorist to leave the city in all
directions: to the south toward Puerto Quetzal, to the
northeast toward Puerto Barrios, and to the west
toward La Antigua or Mixco Viejo.
The most populated city in Central America is an
important service center because of its size but it has
attractive monuments. It is the most important of the
only two points of entry for international tourism in
Guatemala. The other international airport, in Flores,
is much smaller than that of the capital. Guatemala
City does boast the best hotels in the country (such as
the modern Tikal Futura or the luxurious Quinta Real)
and the best convention centers. Its modern malls also
make Guatemala City a reference point for shoppers,
especially those looking for Guatemalan handicrafts.
Traffic, pollution, noise and certain dangerous streets
at night are characteristics which the city shares with
many other cities of comparable size.*

Guatemala. Zona bancaria, en la Avenida La Reforma.

Guatemala City. Bank district on the Avenida La Reforma.

Al sur de Guatemala ya existía un importante asentamiento preclásico maya: **Kaminaljuyú**. Pero la ciudad actual se proyectó cuando un fuerte terremoto acabó en 1773 con la vieja capital: Santiago de Guatemala, después conocida como La Antigua. Mediante una orden de Carlos III se fundó, dos años más tarde, Nueva Guatemala de la Asunción. Su estructura urbana se hizo siguiendo los patrones de La Antigua y otras ciudades coloniales: una plaza central donde asomaban los principales poderes: catedral, edificios gubernamentales… y en torno a ella una estructura de calles y avenidas en retícula que permitían el orden urbanístico y el control de la población. Será en el siglo XIX cuando se amplíe y mejore el urbanismo de la capital y se creen importantes parques, como el de la Aurora, donde se encuentra el aeropuerto, así como la conocida y dinámica Avenida de La Reforma. Dada su delicada ubicación geográfica, en el lugar de contacto de varias placas tectónicas, la ciudad ha sufrido sacudidas sísmicas que en 1917 destruyeron buena parte de los monumentos coloniales. En la actualidad vemos edificios reformados y recuperados de la época colonial (esencialmente la catedral e iglesias del centro); otros edificios se construyeron para alojar oficinas de gobierno, caso de los que albergan grandes museos, el Palacio Nacional y el singular edificio de Correos.

• • • • • • • • • • • • • • • • • • • •

Kaminaljuyú, an important Pre-Classic Mayan settlement already existed to the south of Guatemala City, but the idea for the modern city was born when a strong earthquake in 1773 destroyed the old capital, Santiago de Guatemala, later known as Antigua. In accordance with the edict of the Spanish king Carlos III, Nueva Guatemala de la Asunción was founded two years later. Its urban design followed that of Antigua and other colonial cities: a central square around which the power structure was placed (the cathedral, government buildings, etc…); and around this, a network of streets and avenues in a grid-like pattern which facilitated orderly functioning of the city and control of its inhabitants. During the 19th century, the city grows, urbanization is improved and large parks, such as Aurora Park, where the airport is now located, and the bustling, well-known Avenue of La Reforma are created. Due to its precarious geographical location, the point of convergence for several tectonic plates, the city has suffered several earthquakes including the one in 1917 in which a number of colonial monuments were destroyed. Today we can see some restored and rebuilt buildings dating from colonial times (primarily the cathedral and churches in the city center). Other buildings were constructed to house government buildings, such as the National Palace, the unique post office building, and those buildings which are home to large museums.

Guatemala. Edificio de Correos, en el Centro Histórico.

Guatemala City. Post Office Building in the historic downtown district.

Catedral de Guatemala. Fachada de estilo neoclásico, tallada en piedra de El Naranjo.

City Guatemala Cathedral. Neoclassic façade, carved in stone brought from El Naranjo.

Guatemala. Detalle del Palacio Nacional.

Guatemala City. National Palace (Detail).

The Guatemalan capital is a city dominated by modern, impersonal buildings. The only part of the city in which a traveler can catch a glimpse of the city's colonial past is in Zone 1 near what used to be the Plaza de Armas where the old Palace of the Captain Generals was located. Today the bustling **Central Park** and Plaza Mayor are home to such interesting structures as the immense Metropolitan Cathedral and the National Palace as well as other nearby buildings such as the **National Library**, the **General Archives of Central America** and the **Portal de Comercio**, a 1788 building dedicated to commercial activities, currently home to several small shops and cafés.
The **Metropolitan Cathedral** is an elegant church which was built between 1782 and 1868, the year in which its towers were constructed. In spite of the changes which it has undergone due to earthquake damage, it illustrates a coherent Neoclassical look. Inside its white interior, it houses paintings and sculptures which were moved from the La Antigua cathedral. The Archbishop's Palace stands next to the Cathedral.
Another noteworthy building is the National **Palace of Culture**, an enormous building covered with green granite, which, with its nearly 30,000 sq. feet of floor space, stands as the largest public building in Central America. It is built on the site of what used to be the **Palace of City Hall.** The current building was erected in 1943 and combines the Spanish Baroque and French Neoclassical styles. It is the presidential headquarters but it may also be toured. It is worthwhile to spend some time in the reception hall and the Monument to Peace (Monumento a la Paz).

La ciudad de Guatemala es una urbe dominada por modernos e impersonales edificios. Sólo se respira algo de su pasado colonial en la zona 1, alrededor de lo que fue la plaza de Armas donde se asentaba el palacio de los Capitanes Generales. Hoy el animado **Parque Central**, plaza Mayor, alberga construcciones de interés como los inmensos edificios de la Catedral Metropolitana y el Palacio Nacional, u otros cercanos como la **Biblioteca Nacional**, el **Archivo General de Centroamérica** y el **Portal del Comercio**.
La **Catedral Metropolitana** es un elegante templo levantado entre 1782 y 1868, año en que se construirían sus torres. Amén de las diferentes reformas que sufrió a raíz de los terremotos, muestra una coherente imagen neoclásica. En su interior, pintado en blanco, alberga pinturas y esculturas que provienen de la catedral de La Antigua. Contiguo a la Catedral está el **Palacio del Arzobispo**.
Otro edificio notable es el **Palacio Nacional de la Cultura**, enorme edificio revestido de granito verde que constituye con sus cerca de 9.000 m² la construcción civil más grande de Centroamérica. Ocupa el emplazamiento del antiguo **Palacio del Ayuntamiento**. El edificio actual se construyó en 1943 siguiendo cánones del Barroco español y del Neoclasicismo francés. Su interior es sede de la presidencia, aunque se puede visitar; merece la pena detenerse en el salón de recepciones y en el monumento a la Paz.

Guatemala. Palacio Nacional. Fachada principal.

Guatemala City. National Palace. (Front).

Ciudad de Guatemala. Fuente del Parque Central o Plaza Mayor.

Guatemala City. Fort in Central Park or the Main Square (Plaza Mayor).

La amplia plaza está centrada por una monumental fuente y una enorme bandera de Guatemala con el característico quetzal, ave que da nombre a la moneda nacional. Detrás de la Catedral se halla el **Mercado Central**, y en el sótano de la **plaza del Sagrario** se pueden adquirir gran variedad de artesanías. En el centro de la ciudad de Guatemala se conservan algunos ejemplos civiles y religiosos que rememoran el pasado colonial. Destacan la **Universidad de San Carlos** y elegantes **iglesias** como **La Merced**, **San Francisco**, **Belén**, **Santo Domingo** y **Santa Rosa**. Algo más alejado, en el **Cerrito del Carmen**, se erige el primer templo construido en el emplazamiento de la ciudad de Guatemala, inaugurado en 1620, con un bello retablo colonial.

*At the center of the spacious plaza is a monumental fountain and an enormous Guatemalan flag with its characteristic quetzal, the bird which gives its name to the national currency. The **Central Marketplace** is located behind the Cathedral and in the underground area beneath **Sagrario Plaza** a wide variety of handicrafts may be purchased. In downtown Guatemala, several religious and civil locations keep the city's colonial past alive. Chief among them are the **University de San Carlos** and the elegant churches, namely **La Merced**, **San Francisco**, **Belén**, **Santo Domingo** and **Santa Rosa**. A bit further from the center, on the **Cerrito del Carmen** (Carmen's Hill) stands the first church built on the site of what would later become Guatemala City. It was begun in 1620 and houses a beautiful colonial altarpiece.*

Ciudad de Guatemala. Mercado junto a la Catedral.

Guatemala City. Market next to the Cathedral.

Ciudad de Guatemala. Iglesia de
San Francisco.

Guatemala City. The Church of
San Francisco.

Ciudad de Guatemala. La Merced.

Guatemala City. La Merced.

Para conocer la realidad de la ciudad se hace necesario
visitar otros lugares, por ejemplo en la zona 2, en el
Hipódromo del Norte, donde se muestra un inmenso
mapa en relieve del territorio nacional de Guatemala
que engloba al estado de Belice. En la céntrica y
comercial zona 4, en lo que se conoce como **Centro
Cívico**, se encuentran los edificios administrativos
decorados con majestuosos relieves de evocación
maya: la **Municipalidad** o ayuntamiento, el **Banco de
Guatemala** y la **sede central del INGUAT**, organismo
nacional de promoción e información turística que
tiene delegaciones en los puntos turísticos de primer
orden: La Antigua, Panajachel, Quezaltenango y Flores.
Detrás de estos altos edificios, una acogedora zona
peatonal toma vida sobre todo por la noche: es lo que
se conoce como **4 Grados Norte**. Cercano, sobre un
bullicioso mercado, se encuentra el **Centro Cultural
Miguel Ángel Asturias**. Este moderno edificio, que
parece una pirámide maya o un barco encallado en el
fuerte de San José, consta de uno de los teatros más
grandes del mundo. Siguiendo hacia La Reforma asoma
la modernista **iglesia de Yurrita**.

Ciudad de Guatemala. Iglesia de Beatas
de Belén.

Guatemala City. The Church of Beatas
de Belén.

Other parts of the city are also worth seeing. In Zone 2 at the **Hipódromo del Norte**, an enormous relief map of
Guatemalan territory, including Belize, is displayed. In the centrally-located, commercially- oriented Zone 4 in what is
known as the **Civic Center**, administrative buildings decorated with magnificent reliefs evoke the country's Mayan past.
They include **City Hall**, the **Guatemalan National Bank** and the main offices of **INGUAT,** the government agency
responsible for promoting tourism and providing tourist information at its offices located in the most popular tourist
destinations: La Antigua, Panajachel, Quazaltenango and Flores. Behind these tall buildings, a pleasant pedestrian area,
known as **4 Grados Norte** comes to life, especially at night. Nearby, in a bustling marketplace, the **Miguel Angel
Asturias Cultural Center** stands. This modern building, which looks like a Mayan pyramid or a ship beached at the San
José Fort, is one of the largest theaters in the world. As you move closer to the Avenue de La Reforma, the modernist
Yurrita Church can be seen.

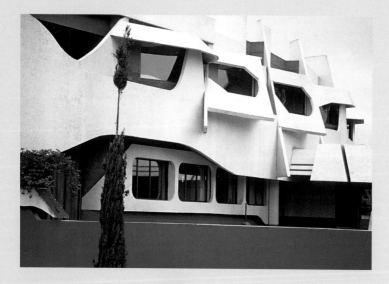

Guatemala. Centro Cultural Miguel Ángel Asturias, obra de Efraín Recinos.

Guatemala City. Miguel Ángel Asturias Cultural Center, the work of Efraín Recinos.

Guatemala. Iglesia Yurrita, construida por orden del cafetalero Felipe Yurrita.

Guatemala City. Yurrita Church, built by order of the coffee grower Felipe Yurrita.

Banco de Guatemala, en el Centro Cívico.

Guatemalan National Bank, in the Civic Center.

*Guatemala. Museo Popol Vuh. Vasijas
y figurilla del periodo prehispánico.*

*Guatemala City. Popol Vuh Museum.
Pre-Columbian pots and figurine.*

En la zona 10 se abre una de las arterias más modernas de la ciudad, la **Avenida de La Reforma**. A un lado, una torre nos recuerda a la Tour Eiffel de París: la **Torre del Reformador**. Entre las calles 12ª y 15ª se abre lo que se conoce como **Zona Viva**, lugar idóneo para el alojamiento, la gastronomía y las compras. Algo alejados pero en la misma zona encontramos dos representaciones de los numerosos museos existentes en la ciudad: el **Museo Popol Vuh**, con una excelente colección de arte prehispánico y, junto a él, el **Museo Ixchel del Traje Indígena**, donde se puede conocer la variedad de trajes regionales del país.

Finalmente, junto al aeropuerto (zona 13), en el **Parque de la Aurora**, se ubica el **zoológico** donde se pueden observar las típicas especies de la fauna centroamericana. En la misma finca se halla el **Museo Nacional de Arqueología y Etnología**, el **Museo Nacional de Arte Moderno "Carlos Mérida"** y, cercano, también el extenso **Mercado de Artesanías**.

La visita a la capital se puede complementar con sitios arqueológicos próximos como **Kaminaljuyú** (zona 7), **Mixco Viejo** (a las afueras) o lugares naturales como el **Parque Nacional Volcán de Pacaya**, uno de los pocos activos, o bien el **Lago de Amatitlán** y el **Parque de las Naciones Unidas**.

●●●●●●●●●●●●●●●●●●●●●●

*In Zone 10, **Avenida de La Reforma**, one of the most modern thoroughfares in the city, begins. To one side stands a tower reminiscent of Paris' Eiffel Tower, the **Torre del Reformador**. Between 12th and 15th streets the **Zona Viva** (Lively Zone) is the ideal place to find lodging, restaurants, and shopping. A bit further away but in the same Zone, two examples of the city's many museums may be found. The **Popol Vuh Museum** houses an excellent collection of pre-Hispanic art, and **The Ixchel Museum of Indigenous Costume** right next door provides an opportunity to experience Guatemala's many varieties of regional dress. Finally, the **zoo** located in **Aurora Park** next to the airport allows the visitor to observe animals native to Central America. The **National Museum of Archeology and Ethnology**, and the **Carlos Mérida National Musem of Modern Art** are all located in the same area. The enormous **Mercado de Artesanías** (Handicraft Market) is also nearby. A traveler to Guatemala City can also visit the nearby archeological sites of **Kaminaljuyú** (Zone 7), and **Mixco Viejo** (on the outskirts) or natural wonders such as the **Parque Nacional Volcán de Pacaya** (the Pacaya volcano is one of the few which are still active), **Lake de Amatitlán**, or the **Park of the United Nations**.*

LA ANTIGUA, JOYA COLONIAL

En el pequeño departamento de **Sacatepéquez**, a 45 km de la ciudad de Guatemala, se halla la vieja capital de **Santiago de Guatemala** o **La Antigua Guatemala**, Patrimonio de la Humanidad y joya del arte colonial español. Tras ser sucesivamente castigada por males como pestes, inundaciones y terremotos, quedó detenida en el tiempo, cuando sus moradores se trasladaron, tras el terremoto de 1773, a la nueva capital. Sus viejas calles, vigiladas por volcanes, forman una perfecta retícula que confluye en la **Plaza Mayor**. Es en este amplio espacio donde asoman algunos de sus señoriales edificios, caso de la antigua Catedral (de porte manierista y amplio interior), el **Noble Ayuntamiento** (sede del **Museo de Armas**), el **Museo del Libro Antiguo,** el porticado edificio que fue **Palacio de los Capitanes Generales**, el **Palacio Arzobispal** y el **Portal del Comercio**. Un espacio arbolado y la legendaria **fuente de las Sirenas** son el epicentro del trasiego de esta señorial y tranquila ciudad. Los portalillos de los edificios citados son un espectáculo donde se mezclan indígenas y turistas.

La Antigua. Real Palacio, hoy llamado de los Capitanes Generales, obra de Luis Díez de Navarro.

La Antigua. The Royal Palace, now called the Palace of the Captains General, the work of Luis Díez de Navarro.

LA ANTIGUA, A COLONIAL JEWEL

*The old capital city **Santiago de Guatemala**, or La Antigua Guatemala, as it is now called, is located in the small state of **Sacatepéquez**, 28 miles from Guatemala City. The city was placed on UNESCO's World Heritage list in 1979 and is a treasure trove of Spanish colonial art. After experiencing a series of catastrophic events in the form of plagues, floods, and earthquakes, the city was frozen in time when its inhabitants moved to the new capital after the 1773 earthquake. Its old streets, under the watchful eye of nearby volcanoes, form a perfect grid and converge at the **Plaza Mayor**. Around this spacious square several of the city's most impressive buildings can be viewed: San José Church or the **Antigua Cathedral** with its mannerist appearance and spacious interior; City Hall, location of the Santiago Arms Museum; the Antique Book Museum; the porticoed building which was formerly the **Palace of the Captains General;** the **Archbishop's Palace;** and the **Portal del Comercio** (Gateway of Commerce). A tree-lined area and the legendary **Sirenas (Sirens) Fountain** is the focal point of all the comings and goings in this tranquil, stately city. The mingling of tourists and indigenous peoples on the porches of these aforementioned buildings offer an interesting spectacle.*

La Antigua. Palacio de los Capitanes Generales.

La Antigua. Palace of the General Captains.

La Antigua. Catedral.

La Antigua. Cathedral.

La Antigua. Posada de Don Rodrigo, que se dice fue la casa de Sancho Álvarez de las Asturias.

La Antigua. Posada (Hotel) de Don Rodrigo, supposedly the house of Sancho Álvarez de las Asturias.

La Antigua. Iglesia de La Merced.

La Antigua. La Merced Church.

La influencia que ejerció la ciudad en el siglo XVI en toda Centroamérica atrajo a numerosas familias adineradas y a varias órdenes religiosas, de ahí la abundancia de casonas señoriales y conventos que muestran las heridas de los tres seísmos que sufrió en el siglo XVIII. La **calle del Arco del Convento de Santa Catalina** es una de las más emblemáticas de la ciudad y parte de la plaza Mayor hasta uno de los más bellos conventos: el de **La Merced**, con su vivo porte barroco. A esta calle se asoma uno de los más afamados alojamientos: la **posada de Don Rodrigo**.

*The influence which Antigua exerted on the whole of Central America in the 16th century attracted many wealthy families and various religious orders and this is the reason for the abundance of elegant homes and monasteries, many of which exhibit scars from the three earthquakes which shook the city in the 18th century. One of the streets which best represents the character of the city is that of the **Arco del Convento de Santa Catalina** which begins at the Plaza Mayor and ends at one of Antigua's most beautiful monasteries, **La Merced**, a living relic of the Baroque period. Also found along this street is one of the city's most famous hotels, the **Posada de Don Rodrigo**.*

La Antigua. Arco de Santa Catalina, terminado en 1694.

La Antigua. Santa Catalina Arch, completed in 1964.

La Antigua. Colegio de San Jerónimo o Real Aduana.

La Antigua. The Seminary of San Jerónimo or the Royal Customs House.

Entre la plaza Mayor y la Merced, en calles aledañas, destacan entre casonas de bello cromatismo **conventos** como el **de La Recolección**, **San Jerónimo**, **El Carmen** y **Las Capuchinas**; en este último interesante edificio conventual femenino destaca la curiosa **Torre del Retiro**. Al otro lado de la plaza Mayor, a un lado del **Palacio de los Capitanes Generales**, descuellan edificios civiles tales como la **Universidad de San Carlos** (sede del **Museo de Arte Colonial**) y la **Casa de Popenoe**, ejemplo del mobiliario de la aristocracia de entonces. Destaca también por su fachada y claustro el **convento de Santa Clara**, precedido por la **Pila de la Unión**.

• •

Between the Plaza Mayor and La Merced, on neighboring streets, several colorful mansions as well as the **monasteries of La Recolección, and San Jerónimo,** and the **convent of El Carmen,** and **Las Capuchinas,** stand out. This last convent is an interesting building most noted for its curious **Torre del Retiro** (Tower of Retreat). Across the Plaza Mayor and beside the **Palace of the Captains General,** public buildings such as the **University of San Carlos** (site of the **Colonial Art Museum**) and the **Popenoe House,** which provides a good example of the furniture used by the aristocracy of that time, are found. The **convent of Santa Clara** is also worthy of mention for its façade, its cloister, and its exterior fountain (called **Pila de la Unión**).

La Antigua. Monasterio de las Capuchinas. Claustro, obra del arquitecto Diego de Porres.

La Antigua. Capuchin Convent. The cloister is the work of architect Diego de Porres.

La Antigua. Portada lateral de Santa Clara. Abajo izquierda, claustro central. Abajo derecha, los lavaderos de la Pila La Unión.

La Antigua. Side Door of Santa Clara. Lower left, the central cloister. Lower right, the wash houses of the Pila de La Unión.

La Antigua. Iglesia de San Francisco el Grande.

La Antigua. San Francisco el Grande Church.

So is **San Francisco el Grande Church**, one of the best representatives of colonial architecture with its outer walls and excellent façade at the main entrance and home to Baroque altarpieces and the **Museum of Hermano Pedro**, one of the most revered saints in Guatemala. La Antigua boasts some of the most delightful hotels in the country such as **Hotel Casa Santo Domingo**, a converted convent, and the **Lion's Inn**, which is located inside a working coffee plantation. Antigua is the ideal place to buy handicrafts, try delicious Guatemalan dishes, visit art galleries, listen to marimba music or become acquainted with traditional Guatemalan music at the **K'ojom House**.

From La Antigua, a traveler can head for the Pacific, toward **Escuintla** and **La Democracia** (site where pre-Colombian artifacts have been found) by following the **Guacalate River**. La Antigua is also a great point of departure for trips to the nearby **Agua**, **Acatenango** and **Fuego volcanoes**. The **Cerro del Manchén** is the best place to observe the spectacular volcanoes which surround this colonial city.

There are also numerous villages where a traveler can buy handicrafts and visit the local markets. **Chimaltenango**, **San Antonio de Aguascalientes** and **Santa Catarina de Barahona** are just a few.

Igualmente la **iglesia de San Francisco el Grande**, uno de los edificios más emblemáticos de Antigua, amurallado y con una excelente fachada principal, que guarda retablos barrocos y el **museo del Hermano Pedro**, de honda devoción en Guatemala. La Antigua cuenta con los más acogedores alojamientos del país: muestra de ello es el reconvertido **convento de Santo Domingo** y la **Hacienda Lion's Inn**. Es un lugar idóneo para comprar artesanías, probar la rica gastronomía guatemalteca, visitar galerías de arte, disfrutar de la marimba o conocer la música tradicional guatemalteca en la **Casa K'ojom**.

Desde La Antigua se puede bajar al Pacífico hacia **Escuintla** y **La Democracia** (que posee restos prehispánicos) siguiendo el curso del **río Guacalate**. Por otra parte La Antigua es un excelente punto para hacer excursiones a los **volcanes** cercanos: el de **Agua** o los volcanes **Acatenango** y **Fuego**. El **Cerro del Manchén** es el mejor lugar para poder ver la estructura y maravilloso paisaje volcánico que rodea esta colonial ciudad.

Son numerosos los pueblecitos donde comprar artesanía y disfrutar de los mercados indígenas, como **Chimaltenango**, **San Antonio de Aguascalientes** y **Santa Catarina de Barahona**.

La Antigua. Alojamiento Lion's Inn.

La Antigua. Lion's Inn.

ATITLÁN, PARAÍSO DE AGUA Y FUEGO, PARAÍSO INDÍGENA

El sosiego de **Atitlán** sorprende, como la belleza de los **volcanes de Tolimán**, **San Pedro** y **Atitlán** (3.505 metros) reflejados en esta superficie de agua de 125 km². El lago es parte de una caldera desplomada de un volcán y a él se asoman pequeños pueblos con sus embarcaderos poblados por diferentes pueblos indígenas (tz'utujiles y kaqchikeles), lo que le da un atractivo más a este rincón de Guatemala.

• •

ATITLAN, A NATIVE PARADISE OF FIRE AND WATER

*The tranquility of **Lake Atitlán** inspires pleasure and awe, as does the beauty of the **Tolimán**, **San Pedro**, and **Atilán** (11,500 ft.) **volcanoes** reflected on the surface of the 77 square miles of water. The lake was formed by the collapsed caldera of a volcano, and the small villages, complete with boat docks and inhabited by different indigenous groups (tz'utujiles y kaqchikeles), which cluster around it give this corner of Guatemala its particular charm.*

Atitlán. Volcán Tolimán.

Atitlán. Tolimán Volcano.

Atitlán. Volcán San Pedro.

Atitlán. San Pedro Volcano.

Vista del lago de Atitlán.

View of Lake Atitlán.

San Antonio Palopó.

San Antonio Palopó.

Una carretera circunda buena parte del lago y nos permite hacer escalas desde Panajachel en pequeños pueblos donde comprar artesanías, sobre todo textiles, de cestería, cerámica, cuero y madera: **Santa Catarina Palopó**, **San Antonio Palopó**, **San Lucas de Tolimán**, **Santiago de Atitlán**, **San Marcos** y **Santa Lucía Utatlán**, pequeñas poblaciones rurales con ejemplos de arquitectura religiosa colonial.

Desde **Sololá**, la cabecera departamental fundada por los españoles en 1547 a más de 2.100 metros de altitud, se pueden observar magníficas panorámicas del lago rodeado de volcanes y frondosa selva donde son corrientes las cascadas de agua. Sololá es conocida por su **mercado** de fuerte colorido, como su célebre torre.

• •

*A road runs around most of the lake and allows the traveler to start at Panajachel and make stops in the small villages to buy local handicrafts. Textiles, baskets, ceramics, leatherwork and wood are the most typical. The names of these small rural villages, which also contain examples of colonial religious architecture, are **Santa Catarina Palopó**, **San Antonio Palopó**, **San Lucas de Tolimán**, **Santiago de Atitlán**, **San Marcos** and **Santa Lucía Utatlán**.*

*At an elevation of 6890 ft. Sololá, the departmental capital founded by Spaniards in 1547, provides breathtaking panoramic views of the lake surrounded by volcanoes and of exuberant jungle where waterfalls abound. **Sololá** is known for its colorful **market** and its famous tower.*

Sololá. Volcán Tolimán.

Sololá. Tolimán Volcano.

San Antonio Palopó. *San Antonio Palopó.*

Sololá. Torre municipal (detalle).

Sololá. The Municipal Tower (detail).

Dos imágenes de Sololá. Mercado.

Two views of Sololá. The marketplace.

Santa Catarina Palopó. Indígenas.

Santa Catarina Palopó. Native Americans.

Santa Catarina Palopó. Creación de tejidos.

Santa Catarina Palopó. Weaving.

Panajachel. Iglesia de San Francisco de Asís.

Panajachel. The Church of San Francisco de Asís.

Atitlán. Embarcadero de Panajachel.

Atitlán. Panajachel's pier.

Panajachel es el punto más turístico, rodeado de un cuidado paisaje de cafetales y jardines. Dispone de una rica variedad de áreas de diversión, hoteles y restaurantes, algunos de ellos excelentes miradores al lago, como es el caso del **Hotel del Lago** o el **Hotel Casa Palopó**. Cerca está el embarcadero tradicional desde donde se puede acceder a los pueblos de la ribera. Por su fisonomía y característica fachada destaca la **iglesia** colonial **de San Francisco de Asís**.
Aparte de las excursiones, el lago y sus alrededores ofrecen diversas opciones deportivas: pesca, vela, kayak, esquí acuático…

Atitlán. Complejo hotelero Porta Hotel del Lago.

Atitlán. Porta Hotel del Lago.

Panajachel is the most tourist-oriented spot, surrounded by a well-groomed landscape of gardens and coffee plantations. It offers a wide variety of recreational areas, and of hotels and restaurants, some of which provide excellent views of the lake, such as the **Hotel del Lago** or the **Hotel Casa Palopó**. Nearby is a traditional pier from which a traveler can sail to other villages along the shore. The **colonial church San Francisco de Asís** is worthy of mention for its appearance and its characteristic façade. Besides the above side trips, the lake and surrounding areas provide an opportunity for engaging in various aquatic activities: fishing, sailing, kayaking, water skiing…

Atitlán. Vista de los volcanes.

Atitlán. Volcanoes.

Panajachel.

Panajachel.

Atitlán. Embarcaderos tradicionales.

Atitlán. Traditional boat docks.

Atitlán. Vista de los volcanes.

Atitlán. Volcanoes.

Chichicastenango, en el departamento de Quiché. Iglesia de Santo Tomás.

Chichicastenango, city in the department of Quiché. The Church of Santo Tomás.

CHICHICASTENANGO, SINCRETISMO DE RELIGIÓN Y COLORIDO

Chichicastenango, otro de los puntos obligados de una visita a Guatemala, se sitúa en el departamento de **Quiché**, en medio de un paisaje montañoso dominado por profundos valles y barrancos. El pueblo es conocido por el **mercado** que se celebra allí los jueves y domingos y que congrega desde tiempos inmemoriales a campesinos de los alrededores y artesanos. El bullicio y el color se dan cita en el espacio que separa los dos templos de la localidad. La **iglesia de Santo Tomás** y su escalinata son un espectáculo para los sentidos, donde los k'iche'es piden a Dios remedios para las desgracias. La iglesia y la escalinata denotan el sincretismo religioso que se da en el templo: por una parte el templo es católico, y por otra la escalinata nos recuerda las pirámides mayas. Al otro lado de la plaza, siguiendo un laberinto de puestos de artesanía, nos aguarda la blanca **capilla del Calvario**. Entre ambas iglesias se halla el **Museo Regional**. Y en la calle principal, adoquinada y transitada por autobuses, se encuentra el bello edificio colonial del **Hotel Santo Tomás**.

Chichicastenango. Mujer k'iche' y sincretismo ante la iglesia de Santo Tomás.

Chichicastenango. Quiché woman and religious syncretism in front of Santo Tomás Church.

Chichicastenango. Hotel Santo Tomás.

Chichicastenango. Santo Tomás Hotel.

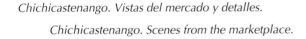

Chichicastenango. Vistas del mercado y detalles.

Chichicastenango. Scenes from the marketplace.

CHICHICASTENANGO, RELIGIOUS SYNCRETISM AND LOCAL COLOR

Chichicastenango, another Guatemalan must-see, is located in the department of **Quiché** amid a mountainous landscape broken by deep valleys and ravines. The town is famous for its **market,** held Thursdays and Saturdays, which has been a gathering place for farmers and craftsmen from neighboring villages for as long as anyone can remember. The buying and selling takes place in the area which separates the village's two churches. **Santo Tomás Church** and the steps leading up to it are a feast for the senses. Here the K'iche' Maya ask God to remedy their ills. The church and its steps mirror the religious syncretism which takes place inside; though the temple itself is Catholic, the steps are reminiscent of Mayan pyramids. On the other side of the main square, and across a labyrinth of stalls selling handicrafts, the white **El Calvario Chapel** awaits.

The **Regional Museum** is located between the two churches. On the main street, marked by cobblestones and traversed by buses, the beautiful colonial **Hotel Santo Tomás** can be found. Near Chichicastenango, the Shrine of Pascual Abaj should not be missed. The name refers to a sacrificial stone where today ancestral pre-Hispanic rites are still practiced.

Santa Cruz del Quiché.

Santa Cruz del Quiché.

Cerca de Chichicastenango, hay que visitar el **cerro Pascual Abaj**, nombre de la piedra de sacrificio donde en la actualidad se realizan ritos ancestrales prehispánicos.

Más al norte está la cabecera del departamento, **Santa Cruz del Quiché**. Desde **Chichicastenango o "Chichi"** el paisaje montañoso se va suavizando en la **Laguna Lemoa**, un excelente paraje natural. Santa Cruz recibe al viajero con largas callejas comerciales que desembocan en un amplio espacio, el **parque central**, donde se dan cita dos de los edificios característicos de estas capitales departamentales: el de **la municipalidad**, con su monumental torre, y **la iglesia colonial,** construida de piedras sacadas de las ruinas del cercano sitio arqueológico de **K'umarcaaj** o **Utatlán**. Este lugar arqueológico se encuentra rodeado de un bosque que parece embrujado y está por excavar, pero se observan los montículos de los templos, la plaza y los restos del juego de pelota. Santa Cruz también es conocida por sus balnearios.

Más al norte, en una zona declarada reserva de la biosfera, se encuentran los centros artesanos denominados como el **Triángulo Ixil**, una de las zonas más remotas de la República, formada por las poblaciones de **Nebaj**, **Chajul** y **San Juan Cotzal**. Están rodeados de singulares y espectaculares parajes naturales que se enclavan en la agreste **Sierra de los Cuchumatanes**, como el **Río Blanco** o **Tzununul**.

* * * * * * * * * * * * * * * * * * * *

*The capital of the department, **Santa Cruz del Quiché**, is located further north. As the traveler moves further from **Chichicastenango or "Chichi"** the mountainous terrain softens at the beautiful **Laguna Lemoa**. Santa Cruz welcomes the traveler with long shop-lined streets which lead to a spacious **central park** where two of the buildings characteristic of these department capitals are located: **city hall** with its huge tower and the **colonial church** built of stones removed form the ruins of the nearby archeological site of **K'umarcaaj** or **Utatlán**, as it was later renamed. This site is surrounded by what seems to be an enchanted forest and has yet to be excavated though the mounds of the temples, the plaza, and traces of the ball court can be seen. Santa Cruz is also famous for its hot springs.*

*Further north, in an area declared a biosphere reserve and one of the most remote areas of Guatemala, the centers of handicraft production known as the **Ixil Triangle** are found. This "triangle" is made up of the villages of **Nebaj**, **Chajul** and **San Juan Cotzal**. They are surrounded by unique natural wonders, such as the **Blanco River** and **Tzununul**, tucked away in the rugged **Sierra de los Chuchumatanes**.*

Quetzaltenango. Parque de Centroamérica.

Quetzaltenango. Central American Park.

Quetzaltenango. Monumento a Rufino Barrios y, al fondo, la Catedral.

Quetzaltenango. Monument to Rufino Barrios and, in the background, the Cathedral.

QUETZALTENANGO Y LA AUTENTICIDAD DE LAS TIERRAS ALTAS

Quetzaltenango, Xelajú o **"Xela"**, como también se la conoce, es una tranquila ciudad, la segunda del país, que poco se parece a la capital. Xela es una mezcla de vida moderna y de conservación de antiguas tradiciones de la cultura k'iche'. El **Parque de Centroamérica** es el pulmón urbano y enmarca buena parte del legado monumental de esta ciudad resquebrajada también por los terremotos. Los primeros domingos de cada mes, en la época seca, se celebra aquí un interesante mercado de artesanías. El resto de los días se convierte en lugar de reunión y encuentro tanto de locales como de forasteros. Curiosa es la doble fachada de la **Catedral del Espíritu Santo**: la estructura inicial es colonial y barroca, mientras que la segunda es posterior, de 1899. Preside el largo paseo la **Casa de Cultura**, edificio neoclásico que engloba la **biblioteca**, el **museo de Arqueología, Naturaleza e Historia** y una **delegación del INGUAT**.

QUEZALTENANGO AND THE AUTHENTIC HIGH LANDS

Quetzaltenango, Xelajú or **"Xela"**, as it is also called, is a quiet city, the second largest in Guatemala, quite unlike the capital city. Xela combines aspects of modern life and the preservation of ancient traditions of the K'iche' Maya culture. The **Central American Park** is the city center's green area and around it lies a good part of the historical heritage of this city also plagued by earthquakes. On the first Sunday of each month during the dry season an interesting handicraft market is held. On all other days it becomes a meeting place for both the locals and visitors. The two façades of the **Espíritu Santo Cathedral** are a curious sight. The original structure is colonial and Baroque while the second was built in 1899. The Neoclassical style of the **House of Culture** dominates one end of the park and houses the **library**, the **Museum of Archeology, Nature and History**, and an **INGUAT office**.

Quetzaltenango. Casa de la Cultura.

Quetzaltenango. House of Culture.

Quezaltenango. Pasaje Enríquez.

Quetzaltenango. Pasaje Enríquez.

Al otro extremo del parque se encuentra el **Pasaje Enríquez**. Otro edificio a destacar es el **Palacio Municipal**, junto a la catedral, en cuyo interior alberga los escudos de la extinta Federación de Estados de Centroamérica. Por cierto, que Quezaltenango fue capital de una también extinta y breve república, el Estado de los Altos (1838-1840). En una esquina de la plaza se ubica uno de los alojamientos más tradicionales de la ciudad: la **Pensión Bonifaz**. De la importante actividad cultural nos hablan los diferentes teatros que existen en "Xela", como el **Teatro Municipal**, con una bella fachada neoclásica precedida de una estatuilla de Minerva. En otras localidades del Altiplano, como en "Xela", existe un **templo dedicado a Minerva** (símbolo de la inteligencia y la sabiduría) que construyó el presidente Estrada a principios del siglo XX.

· ·

At the other end of the park, the street **Pasaje Enríquez** may be found. Another noteworthy building is the **Municipal Palace**, located next to the cathedral, which still displays the coat of arms of the now defunct Federation of Central American States. As a matter of fact, Quezaltenango was once the capital of a short-lived country, the State of the Highlanders (el Estado de los Altos), from 1838-1840. The landmark hotel **Pensión Bonifaz** is located at one corner of the plaza. Various theaters speak to the importance of cultural activity in "Xela". The **Municipal Theater**, a building with a Neoclassical façade and a statue of Minerva in front serves as an example. In "Xela", as in other towns of the high plateau region, there are **temples dedicated to Minerva** (symbol of wisdom) built by President Estrada at the beginning of the 20th century.

Quezaltenango. Teatro Municipal.

Quetzaltenango. Municipal Theater.

Son numerosas las opciones de visita desde Quetzaltenango: se puede ascender al cráter del majestuoso **volcán de Chicabal** y visitar bellos pueblos con sus iglesias coloniales, como **Salcajá** (con una de las iglesias más antiguas de la República), **San Andrés Xecul** (pintoresca por el fuerte colorido de su iglesia y ermita), **San Cristóbal** (con bello interior), **Zunil**, **San Francisco el Alto**, **Totonicapán**… También por su mercado destaca **Almolonga** y, por sus aguas termales, las **Fuentes Georginas**.

• •

*With Quetzaltenango as the point of departure, there are many excursions which can be planned. One option is to climb to the crater of the majestic **Chicabal volcano**. Another is to visit beautiful towns and their colonial churches. **Salcajá's church** is one of the oldest in Guatemala. **San Andrés Xecul** owes its quaintness to the pronounced local color of its church and hermitage. **San Cristóbal's church** has a beautiful interior. Other towns with churches include **Zunil**, **San Francisco el Alto**, and **Totnicapán**. **Almolonga** is also noteworthy for its market and for its hot springs, the **Georginas Fountains**.*

San Andrés Xecul. Abajo, detalle de la iglesia.

San Andrés de Xecul. Below, a detail of the church.

Zunil. Templo barroco.　　　*Zunil. Baroque Church.*

Valle hortícola de Almolonga.

Almolonga. A valley rich in horticulture.

Almolonga. Mercado de indígenas.

Almolonga. Native American market.

Distintas imágenes de Huehuetenango. Templo de Minerva y Parque Central.

Views of Huehuetenango. Minerva's Temple and Central Park.

Más al norte se encuentra **Huehuetenango**, bulliciosa ciudad más conocida por el cercano sitio arqueológico de **Zaculeu**. El **Parque Central** es un agradable espacio verde y semiporticado dominado por la **Catedral** y el **Ayuntamiento**. A un lado del parque, frente al ayuntamiento, existe un **mapa de la vecina Sierra de los Cuchumatanes**. Hay algunos ejemplos de casonas y, como no, el **templo de Minerva**. En el mercado del miércoles se pueden ver las características indumentarias de los indígenas, muy particulares en el caso de los hombres.

• •

*Further north, the bustling town of **Huehuetenango** is famous for the **Zacaleu** archeological site located nearby. Its **Central Park** is a pleasant green space surrounded by an arcade and bordered by the **Cathedral** and **City Hall**. At the side of the park across from City Hall there is a **map of the nearby Sierra de los Cuchumatanes**. There are also a few elegant homes and, of course, **Minerva's temple**. At the Wednesday market, native clothing can be viewed. The clothing worn by the men is of special interest.*

Zaculeu. Panorámica de algunas estructuras reconstruidas.

Zaculeu es un restaurado sitio arqueológico del pueblo mam del período postclásico (1250-1524). Está fortificado y reúne un conjunto de templos, pirámides escalonadas y patios para el juego de pelota. Tiene además un sencillo museo.

Al norte se abre la **Sierra de los Cuchumatanes**, con escondidos pueblos como **San Miguel Acatán**, **Aguacatán** o **San Antonio**, **Santa Ana** y **Concepción Huista**, simpáticas poblaciones productoras de tejidos muy próximas a **Chiapas**. Entre altitudes que superan los 3.500 metros, excelentes miradores, existen parajes naturales como el **nacimiento del río San Juan** o la **laguna Brava**, cerca de **Nentón**.

Zaculeu. Panoramic view of various reconstructed structures.

Zaculeu is a restored Post-Classic (1250-1524) archeological site of the Mam people. The site is a fortified complex and includes temples, pyramids with steps, and ball courts. It also has also a small museum.. To the north, the **Sierra de los Cuchumatanes** begins. Hidden within its heights are the villages of **San Miguel Acatán**, **Aguacatán** (or **San Antonio** as it is also called), **Santa Ana** and **Concepción Huista**, all picturesque little towns near **Chiapas** which produce woven cloth. Spectacular overlooks and beautiful natural spots like the source of the of the **San Juan River** or the **Laguna Brava**, near **Nentón** can be found at heights of over 12,000 feet.

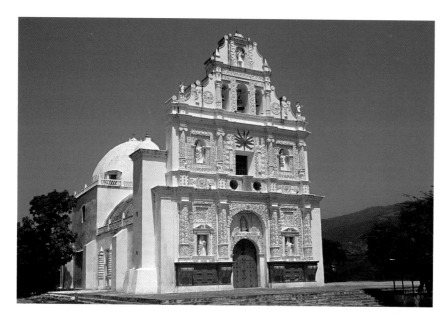

San Cristóbal de Acasaguastlán.

San Cristóbal de Acasaguastlán.

ORIENTE: DEVOCIÓN CATÓLICA (ESQUIPULAS) Y TRADICIÓN MAYA (COPÁN, HONDURAS)

Oriente se compone de departamentos fronterizos con El Salvador y Honduras. La proximidad de **Copán** a la frontera con Guatemala, las facilidades aduaneras y la importancia de este sitio arqueológico hace imprescindible esta visita a pesar de que estemos en tierras hondureñas. Próximo también a la frontera con El Salvador está el **Tazumal**, una de las mejores muestras mayas de ese país.

Desde la ciudad de Guatemala se desciende hacia el **río Montagua**, una de las regiones más cálidas de Centroamérica, parapetada por la **Reserva de la Biosfera de la Sierra de las Minas**. A sus pies hay algunas de las mejores muestras de iglesias coloniales, como las existentes en **Jalapa**, **Guastatoya**, **San Agustín** y **San Cristóbal de Acasaguastlán**, cuidada localidad donde la temperatura nos recuerda un oasis en el desierto. En dirección a Esquipulas y Honduras otros ejemplos dignos de visitar son **Chiquimula**, la pintoresca localidad de **San Luis Jilotepeque**, **Quetzaltepeque**, **Camotán** y **Jocotán**, estas últimas con bellos ejemplos de iglesia colonial y centros artesanos de palma.

Quetzaltepeque.

Quetzaltepeque.

Camotán. Iglesias coloniales.

Camotán. Colonial churches.

THE EAST: CATHOLIC DEVOTION (ESQUIPULAS) AND MAYAN TRADITION (COPÁN, HONDURAS)

The East is made up of the departments which border El Salvador and Honduras. The proximity of **Copán** *to the Guatemalan border, the ease with which it is crossed, and the importance of this archeological site makes it a must for any Guatemalan traveler even though it is located in Honduras.* **Tazumal**, *one of the best examples of Mayan settlements in El Salvador is also near the Guatemalan border.*
From Guatemala City, you will travel south toward the **Montagua River** *through one of the warmest regions of Central America, bordered by the* **Sierra de las Minas Biosphere Reserve**. *Here you will find some of the best examples of colonial churches, such as those found in* **Jalapa**, **Guastatoya** *(San Agustín), and* **San Cristóbal de Acasaguastlán**, *a carefully-kept village where the temperatures remind you of an oasis in the desert. Toward Esquipulas and Honduras other places worth visiting are* **Chiquimula**, *the picturesque village of* **San Luis Jiltepeque**, **Quezaltepeque**, **Camotán** *y* **Jocotán**. *All the towns have beautiful colonial churches and are centers which produce handicrafts out of palm leaves.*

Jocotán.   *Jocotán.*

Esquipulas. Basílica del
Cristo Negro.

Esquipulas. Church of the
Black Christ.

Esquipulas es una localidad conocida por los acuerdos de paz de los años 1980 que llevaron la paz a El Salvador y Nicaragua, así como por su milagroso Cristo Negro. Del núcleo destaca el imponente cuerpo blanco de la **basílica**, precedido por un jardín junto al cual proliferan numerosos puestos de velas, pastas, recuerdos…

• •

*Esquipulas is known for the Esquipulas Peace Agreement which brought an end to the fighting in El Salvador and Nicaragua in the mid-1980s. It is also famous for its miraculous Black Christ. From the center of town, the impressive white structure of the **Church of the Black Christ** stands out. In front of it there is a garden next to which numerous stalls sell candles, cookies, souvenirs…*

A la izquierda, dos detalles de Esquipulas: vendedores ambulantes y venta de velas para el milagroso Cristo Negro.

Left, two scenes from Esquipulas: street vendors and the selling of candles for the miracle-working Black Christ.

Copán. Parque Central.

Copán. Central Park.

La escapada más importante para los amantes del mundo maya es **Copán**, sitio arqueológico de primer orden a escasos kilómetros de la frontera, que se puede atravesar simplemente con un pase de un día y el pasaporte. Localizada al pie de la **Sierra del Espíritu Santo** que divide Guatemala y Honduras, es considerada una de las más importantes capitales mayas. A Diferencia de Tikal, la ciudad de Copán se caracteriza por tener una decoración más barroca y elaborada. Cuando el conquistador Diego García Palacios se encontró ante estas ruinas (hacía siglos que había sido abandonada), fue tal su asombro que en el informe que presentó al rey la describió como "montes que parecen haber sido hechos a mano".

• • • • • • • • • • • • • • • • • • • •

*The most important place of pilgrimage for lovers of the Mayan world is **Copán**, a world-class archeological site just a few miles from the Honduran border, easily crossed with just a passport and a one-day pass. Located at the foot of the **Sierra del Espíritu Santo**, the mountains which form a natural boundary between Guatemala and Honduras, it is considered one of the most important Mayan capitals. Unlike Tikal, the city of Copán is characterized by more elaborate ornamentation. When the conquistador Diego García Palacios found himself before these ruins (it had already been abandoned for centuries), he was so amazed that he described what he saw as "mountains which seem to have been made by hand" in the report which was presented to the King of Spain.*

Copán. Mercadillo de artesanías.

Copán. Handicraft market.

Copán. Figura antropomorfa.

Copán. Anthropomorphic figure.

Hubo que esperar a la década de los treinta del siglo XX para que el complejo fuera sometido a importantes investigaciones llevadas a cabo por afamados arqueólogos. Aún quedan sitios por excavar y, a medida que los trabajos de prospección se llevan a cabo, van saliendo a la luz asombrosos descubrimientos. En el año 2002 se descubrieron una serie de alineamientos y puntos de observación del sol durante los equinoccios y solsticios, cuyas mediciones sirvieron a los mayas para la creación de su calendario. La ciudad debió estar habitada durante el período preclásico, pero la historia de Copán no parece empezar sino en el año 435, cuando asumió el poder Yax Kuk Mo, que daría origen a una dinastía de 16 gobernantes que se prolongará hasta el 800. Uno de los reyes más poderosos de la dinastía de Copán fue Humo Jaguar, rey que llegó a conquistar la ciudad de Quiriguá (situada en Guatemala) y a sacrificar a su rey, y en cuyo largo reinado se levantaron buena parte de los monumentos que hoy observamos. Fue su sucesor Waxaklahun Ubah (18 Conejo), capturado y sacrificado por el rey de Quiriguá Buts Tiliw Chan Yoat. Bajo el reinado de Humo Caracol la ciudad volvió a recobrar su prestigio tanto artístico como militar; fue él quien ordenó la construcción de la gran escalinata jeroglífica, que contiene la historia de la dinastía iniciada por Yax Kuk Mo.

Copán. Vista desde la
Acrópolis y Gran Plaza.

Copán. View from the
Acropolis and the Great Plaza.

It was not until the 1930s that well-known archeologists explored the complex. There are still sites waiting to be excavated and, as and more and more of Copán is excavated, more and more amazing discoveries come to light. In 2002 archeologists discovered a series of alignments and observation points for viewing the sun during the equinoxes and solstices. Measurements calculated using these tools enabled the Mayans to create their calendar. The city must have been inhabited as early as the Pre-Classic period but the history of Copán does not seem to begin until 435 A.D. when Yak Kuk Mo came to power and began a dynasty of 16 leaders which lasted until the year 800. One of the most powerful kings of the Copán dynasty was Smoke Jaguar who conquered the city of Quiriguá (in what is today Guatemala) and sacrificed its king. It was also during his long reign when most of the monuments which can be seen today in Copán were constructed. His successor, Waxaklahun Ubah (18 Rabbit), was captured and sacrificed by the king of Quiriguá, Buts Tiliw Chan Yoat. During the reign of Smoke Shell, the city recovered its prestige as both an artistic and military center. It was this king who ordered the construction of the great hieroglyphic stairway, which contains the history of the dynasty begun by Yax Kuk Mo.

Copán. Juego de Pelota.

Copán. The Ball Court.

Copán. Estela maya, piedra del sacrificio y figura zoomorfa.

Copán. Mayan stele, sacrificial stone, and zoomorphic figure.

La principal atracción del conjunto es la **Gran Plaza** rodeada de estelas y altares zoomorfos, la mayoría de ellos del reinado del malogrado 18 Conejo. La mayor parte de las estelas son retratos de algunos reyes de Copán cuyos glifos laterales hacen alusión a su reinado. Curiosa es la piedra de sacrificio que preside la zona central.

The main attraction of the complex is the **Great Plaza** which is surrounded by steles and zoomorphic altars, most of which date back to the misfortunate reign of 18 Rabbit. Most of the steles are portraits of Copán's kings and the glyphs on the sides speak of their reigns. The central area is dominated by the curious sacrificial stone.

Copán. Detalle de altar y estela en la Gran Plaza. *Copán. Detail of the altar or stele on the Great Plaza.*

Otro punto de interés es el **Juego de Pelota**, el segundo más grande del mundo maya, con el marcador en forma de cabeza de guacamayo. Sin duda una de las joyas del complejo es la **Escalinata Jeroglífica**, localizada al extremo sudeste de la Gran Plaza, levantada en el año 743, que narra toda la genealogía de la dinastía copaneca y contiene el texto jeroglífico maya más grande, con aproximadamente 2.500 glifos, que se están ordenando desde el 2003 después de una inexacta reconstrucción. Destaca también el agrietado **Templo de las Inscripciones** y la **Acrópolis** bajo la que se extiende la **Plaza Oeste** y la **Plaza Este** con su **Templo 16** o **Templo Rosalila**, que tiene como particularidad ser una pirámide construida sobre otra anterior cuyas esculturas se conservan.

• • • • • • • • • • • • • • • • • • • •

*Another place of interest is the **Ball Court**, the second largest in the Mayan world, with the circular "goals" in the shape of a macaw's head. Without a doubt, the **Hieroglyphic Stairway** is one of the jewels of the Great Plaza. Built in 743, it narrates the complete genealogy of the Copán dynasty and it boasts the longest hieroglyphic Mayan text to date, approximately 2500 glyphs. Archeologists have been trying to put it back in correct order since 2003, after it was discovered that the reconstruction was erroneous. We should also bring your attention to the cracked **Temple of Inscriptions** and to the **Acropolis**. The Acropolis is divided into the **East Lawn** and the **West Lawn** where **Temple 16** or the **Rosalila Temple** stands. This structure is unique because it is a pyramid built on top of an earlier pyramid whose sculptures have been preserved.*

Copán. Estela A y templo de la Gran Plaza.

Copán. Stela A and the Great Plaza temple.

Quiriguá. Acrópolis y estelas.

Quiriguá. Acropolis y steles.

EL LAGO DE IZABAL Y EL CARIBE GUATEMALTECO

Ek Naab o **Quiriguá** es un sitio arqueológico de la época clásica que por su relevancia fue declarado en 1979 Patrimonio de la Humanidad por la Unesco. Este complejo maya situado en las proximidades del **Lago de Izabal** y el **valle del río Motagua** se caracteriza por poseer las estelas más altas del mundo maya. Quiriguá está próxima a la ciudad de Copán, de la que fue ciudad rival. En campo mayor se esparcen de manera ordenada las estelas, que tienen unos 10 metros de altura, aunque en realidad 2 o 3 metros están enterrados, tratándose de monolitos esculpidos al estilo de la vecina Copán que en algún caso pesan más de 60 toneladas. El conjunto consta de **Plaza Central**, **Juego de Pelota** y **Acrópolis**. Frente a la Acrópolis aparecen una serie de zoomorfos: tortugas, serpientes…

*Quiriguá. Grandes estelas
conmemorativas.*

*Quiriguá. Large
commemorative steles.*

LAKE IZABAL AND THE GUATEMALAN CARIBBEAN

Ek Naab or **Quiriguá** is an archeological site of the
Classic Period is important enough to have been
declared a World Heritage site by UNESCO in 1979.
This Mayan complex located near **Lake Izabal** and
the **Motagua River Valley** contains the tallest steles
in the Mayan world. Quiriguá is near Copán and was
its rival city. The steles are spaced out in a regular
pattern in an open field. They are approximately 33
feet tall, though 6-10 feet are buried. Sculpted
monoliths in the style of their Copán neighbors, the
largest weigh more than 60 tons. The complex is
made up the **Central Plaza**, the **Ball Court**, and the
Acropolis. In front of the Acropolis a series of animal
statues are found: turtles, snakes... etc.

El **lago Izabal** es la antesala al Caribe, y por su magnitud es un lugar propicio para disfrutar de sus playas, así como de diversidad de deportes tales como la pesca, el esquí acuático, el buceo… El río Dulce horada la selva para, mediante El Golfete, desembocar en el Caribe, en el puerto garífuna de Livingston. En esta pequeña área confluyen diversos espacios naturales que hacen de las cercanías de Izabal un paraíso para los amantes de la naturaleza. **Río Dulce** es uno de los puntos turísticos, situado estratégicamente entre el Lago Izabal propiamente dicho y **El Golfete**, un lugar de tránsito y servicios con puerto deportivo.

• •

*Lake Izabal is the antechamber to the Caribbean but because of its large size, it also is an ideal place to lounge on the beach or enjoy the many water sports available: fishing, water skiing, scuba diving…The Dulce River cuts a path through the jungle and then pours into the Caribbean at the Garifuna port of Livingston through a lake called El Golfete (really a widening of the river). In this relatively small expanse, diverse natural areas come together to make the Lake Izabal region a paradise for nature lovers. The **Dulce River** is a strategically placed tourist spot between Lake Izabal and **El Golfete**. While mostly providing services to those in transit, the town also sports a marina.*

Golfete.

Golfete.

Izabal. Diversos aspectos etnográficos y paisajísticos, y fauna del lago.

Izabal. Various landscapes and ethnographic scenes of the area, as well as examples of Lake Izabal's fauna.

Izabal. Río Dulce.

Izabal. Río Dulce (Sweet River).

Castillo de San Felipe. Panorámica.

Panoramic view of the Castillo de San Felipe.

Castillo de San Felipe. Plaza de Armas y foso.

Castillo de San Felipe. Plaza de Armas and moat.

Muy cercano está el **Castillo de San Felipe**, pequeña fortaleza del siglo XVII, muy remozada, que protegía el comercio de los ataques piratas que sufrían los españoles. La fortaleza está rodeada de palmeras y parece que es de juguete, atendiendo a sus dimensiones. La parte más antigua era la torre de defensa o torre de Bustamante. Desde la población se puede hacer recorridos por el río Dulce hasta Livingston. Un paseo por el río Dulce es un placer para los sentidos: transcurre por áreas cubiertas de nenúfares como el **Jardín de las Ninfas**, manantiales cálidos de aguas sulfurosas, estrechos pasos cubiertos de selva, cabañas indígenas junto al mar, islas llenas de pájaros…

Less than a mile from Fronteras is the **Castillo de San Felipe**, a nicely-restored 17th century fort which protected commerce from pirate attacks suffered by the Spaniards. The fort is surrounded by palm trees and looks like a toy model because it is so small. The oldest part is the tower equipped for defense. It is called Bustamante Tower after the captain who rebuilt it in 1604. From the town of Fronteras you can travel down the Dulce River to Livingston. A river trip is a treat for the senses as you pass through areas covered by water lilies (the **Garden of Nymphs** for example), warm sulfur springs, narrow sections made into tunnels by the jungle canopy, native huts next to the sea, islands covered with birds…

Distintas imágenes del Jardín de las Ninfas.

Views of the Jardín de las Ninfas (Garden of the Nymphs).

En la página de la derecha, bahía y litoral de Amatique.

Opposite: Amatique Bay and beach.

Puerto Barrios.
Amatique Bay.

*Puerto Barrios.
Amatique Bay.*

Livingston es un aislado puerto que sólo tiene acceso por embarcación y está habitado por población garífuna, lo que se refleja tanto en el colorido de sus casas de madera como en el folklore, donde la marimba deja paso al reggae y la gastronomía de ricos pescados condimentados con variedad de especias. Una de las excursiones más características es llegar a los **Siete Altares**, un conjunto de cascadas y pozas muy sugestivo. El inglés musical de este pueblo nos recuerda la proximidad del desconocido **Belice** y uno de sus puertos, **Punta Gorda**.

Puerto Barrios es una desordenada población que ha vivido durante mucho tiempo de la pesca y el banano, como indica "el muñecón", nombre con el que se conoce a la estatua existente a la entrada del núcleo. Es un lugar de servicios y desde su puerto se puede ir a **Livingston**, **Belice** y la **Bahía de Amatique**. La **réplica del Taj Majal del cementerio** nos indica que aquí se han dado cita mercaderes de diversos lugares. Cercano se encuentra el cuidado centro de vacaciones de **Amatique Bay**, uno de los más modernos y lujosos alojamientos de Izabal.

*Livingston is a remote port that can only be reached by boat and it is inhabited by the Garífuna people (also called Black Caribs) with their characteristic wooden houses and their folklore and customs. Here the marimba gives way to reggae and the food of choice is delicious fish cooked with all sorts of spices. One of the most common excursions is to **Siete Altares** (Seven Altars), a fascinating group of waterfalls and the natural pools formed by them. The musical English spoken in Livingston serves as a reminder that **Belize** and one of its ports, **Punta Gorda**, is not far away.*

***Puerto Barrios** is a somewhat disorganized town which has lived off fishing and banana growing for a very long time as the statue called el muñecón (the big doll/dummy) at the entrance points out. It is a service-oriented town and from its port boats leave for **Livingston**, **Belize** and **Amatique Bay**. The Taj Mahal replica in the cemetery is a reminder that merchants have come here from all over the world. The well-groomed resort **Amatique Bay** is located nearby and offers some of the most modern and luxurious accommodations in Izabal.*

Petén, lago Itzá.　　　　　　　Petén, Lake Itzá.

Petén. Hotel y embarcadero en Flores.

Petén. Hotel and pier in Flores.

LA SELVA DEL PETÉN Y EL SECRETO MAYA

El Petén es una selva tropical húmeda de carácter impenetrable. Su importante extensión (unos 50.000 km²) convierten a esta zona en uno de los pulmones verdes del Planeta, como ha reconocido la UNESCO al declararla Reserva de la Biosfera. Y doble es el interés de este enclave, ya que guarda el secreto de la cultura maya. Aparte del conocido **Parque Nacional de Tikal** y su impresionante ciudad, existen otros hitos de acceso más difícil y no por ello de menor importancia, caso de la vecina **Uaxactún** (con observatorio astronómico), las ciudades lacustres de **Yaxhá** y **Topoxté** y, sobre todo, **El Mirador** (en la frontera con México), la ciudad más importante del período Preclásico tardío. Siguiendo el **río de la Pasión**, hacia el sur, y el **Usumacinta**, frontera natural con México, otros restos de ciudades también nos pueden sorprender, como **El Ceibal, Aguateca,** con sus impresionantes estelas, y **Piedras Negras**, en plena **selva Lacandona** y no muy lejos de **Palenque**. Es decir, el norte de Guatemala abre al turista un mundo mágico lleno de restos mayas, algunos por descubrir, otros de difícil acceso. En la presente aproximación a Guatemala, nos centraremos en la descripción de Tikal.
Los centros de servicios más cercanos los encontramos alrededor del tranquilo **lago Petén Itza**, con las localidades de **Flores** y **Santa Elena** a sus orillas. Junto al lago se encuentran excelentes hoteles como el **Petén Espléndido** y, sobre todo, el lujoso **Westin's Camino Real Tikal**, puntos para visitar el rico legado maya o las numerosas zonas naturales protegidas tales como **Dos Pilas**.

THE PETÉN JUNGLE AND MAYAN SECRETS

Petén is an impenetrable tropical rainforest. Its large area (about 31,000 sq. miles) make this region one of the important oxygen-producing regions of the planet. Because of this, UNESCO has declared it a Biosphere Reserve. It is doubly important because it also keeps the secrets of the Mayan culture. Aside from the well-known **Tikal National Park** and its impressive city, in this area are found less accessible but equally important spots. Chief among them are: nearby **Uaxactún** (which has an observatory); **Yaxhá** and **Topoxté**, towns built on the edge of lakes; and, especially, **El Mirador** (on the Mexican/Guatemala border), the most important city of the Late Pre-Classic Period. If you follow either the **Río de la Pasión** to the south or the **Usumacinta River**, which forms the Mexican/Guatemalan border, ruins of other cities will also astound you. One such city is **El Ceibal, Aguateca,** with its impressive steles, and **Black Rocks**, found in the middle of the **Lacandona Jungle** not far from **Palenque**. In other words, northern Guatemala leads the tourist into a magical world of Mayan ruins, some difficult to reach, and others yet to be discovered.
In this journey, we will focus on Tikal.
The centers closest to Tikal which provide services for visitors are **Flores** and **Santa Elena**, both located on the shores of the serene **Lake Petén Itza**. Excellent hotels right on the lake include **Peten Espléndido** and, above all, the luxurious **Westin's Camino Real Tikal**. Both are excellent points of departure whether you are off to visit the region's rich Mayan legacy or whether you wish to explore the many natural protected areas, such as that of **Dos Pilas**.

Tikal. Gran Pirámide Mundo Perdido.

Tikal. The Great Pyramid in the Lost World Plaza.

Tikal se sitúa en medio de la selva de Petén. Su nombre maya era Mutul. Dada su extensión y magnificencia se la considera una de las principales capitales del mundo maya. Las ruinas se encuentran dentro de un parque natural de 576 km² de los cuales 16 km² corresponden a la antigua ciudad maya; en este perímetro se han catalogado cerca de 4.000 monumentos y construcciones, la mayoría aún sin desenterrar.

Los orígenes de Tikal se remontan al período preclásico (año 800 a. C.), mientras que las construcciones más recientes pertenecen al período clásico tardío (700-900 d. C.). Se cree que en su época de mayor esplendor pudo albergar a una población de más de 60.000 habitantes y tuvo una etapa de desarrollo de aproximadamente 1.600 años. Su decadencia, al igual que la de todas las ciudades mayas del período clásico, es al día de hoy un enigma. Se han desarrollado muchas hipótesis al respecto, de las cuales ha cobrado más relevancia la guerra.

Su auge, por el contrario, se dio gracias a su localización estratégica, a medio camino entre Palenque, las ciudades mayas de Yucatán y la costa del Caribe, siendo punto que facilitaba el intercambio comercial. Entre las ruinas se han encontrado estelas con fechas esculpidas en glifos (la más antigua del año 292 y la más reciente del 869) que han servido como indicios para determinar el período de esplendor de la ciudad.

· · · · · · · · · · · · · · · · · · · ·

Tikal is located in the middle of the Petén Jungle. Its Mayan name was Mutul. Given its size and magnificence it is considered one of the main capitals of the Mayan world. The ruins are found inside a natural park whose area measures 358 sq. miles, ten of which correspond to the ancient city itself. Inside this perimeter over 4000 monuments and buildings have been cataloged. Most have yet to be excavated.

The origins of Tikal date back to the Pre-Classic Period (800 B.C.) while the most recent structures belong to the Late Classic period (700-900 A.D). It is believed that at the height of its splendor it housed over 60,000 inhabitants and that it grew and developed for almost 1600 years. Its decline, like that of all Mayan cities of the Classic period, is still an enigma. Many hypotheses have been put forth to explain its fate but warfare seems the most probable reason. On the other hand, its rise was due to its strategic location at a juncture which facilitated trade, midway between Palenque, the Mayan cities of the Yucatan and the Caribbean coast. Steles with dates carved in glyphs have been found among the ruins (the oldest, 292, and the most recent, 869). These have provided the means to determine the period of the city's greatest splendor.

Tikal. Templo I y Gran Plaza.

Tikal. Templo I and the Great Plaza.

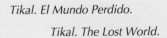

Tikal. Gran Pirámide

Tikal. The Great Pyramid.

Tikal. El Mundo Perdido.

Tikal. The Lost World.

Tikal. Mascarón bajo la Acrópolis Norte.

Tikal. Large stone head at the foot of the North Acropolis.

Los primeros edificios que se levantaron en Tikal fueron los de la **Acrópolis Norte**, en el 200 a. C. Después de la decadencia sobrevenida en el siglo X d. C., la ciudad fue devorada por la selva, manteniéndose oculta durante varios siglos. En el 1695, un sacerdote español perdido en la selva se encontró ante las ruinas de la ciudad, pero la administración española de aquella época no dio mucha importancia al hallazgo. Hasta 1848 no se hicieron las primeras expediciones al sitio, y desde entonces han desfilado por el área prestigiosos arqueólogos como Maler o Tozzer, en cuyo honor han sido bautizadas varias calzadas de Tikal.

El complejo arqueológico está formado por una gran cantidad de ruinas que se encuentran dispersas en un amplio territorio, siendo necesaria la utilización de un mapa para no perderse entre la intrincada red de caminos. Entre los puntos de interés cabe destacar la **Plaza Mayor**, en donde se pueden apreciar las principales muestras arquitectónicas, como el **Templo I** o **Templo del Gran Jaguar**, frente al cual se yergue la **pirámide del Templo II** o **de las Máscaras**; más atrás, un poco a la izquierda, se puede ver la punta del **Templo III** y, al fondo, la cresta del **Templo IV** o **Templo de la Serpiente Bicéfala** (desde su altar se divisan las mejores vistas). A la derecha está la **Acrópolis Norte** y a la izquierda la **Acrópolis Central**, delimitado por una fila de estelas y altares esculpidos que indican la secuencia dinástica de Tikal. Otros templos son el **Templo VI** o **de las Inscripciones**, la **Gran Pirámide de Mundo Perdido**, uno de los conjuntos más antiguos, y el **Palacio de las Ventanas**, al oeste del Templo III.

*The first structures built in Tikal were those of the **Northern Acropolis**, in 200 B.C. After a decline in 1000 A.D. the city was reclaimed by the jungle and hidden for over 6 centuries. In 1695 a Spanish priest lost in the jungle found himself face to face with the city in ruins, but the Spanish government of the time did not pay much attention to the discovery. No expeditions were made to the site until 1848 after which a series of distinguished archaeologists such as Mahler and Tozzer came here. There are causeways in Tikal named in their honor.*

*The archeological complex is made up of numerous ruins which are scattered over an area so large that a map is necessary in order not to get lost within the intricate network of paths. Among the most interesting ruins figure the **Main Plaza** where the main architectural structures are to be found. They are **Temple I**, the **Great Jaguar Temple**, and across from it the **pyramid of Temple II**, or the **Temple of the Masks**. Further back and a little to the left the tip of **Temple III** can be seen and, in the background, the crest of **Temple IV**, called the **Temple of the Two-Headed Serpent** (the best views are enjoyed from its altar). To the right is the **North Acropolis** and to the left is the **Central Acropolis** whose limits are defined by a row of steles and carved altars which relate the dynastic sequence of Tikal. Other temples include **Temple VI,** the **Temple of the Inscriptions,** and the pyramid found in the **Lost World Plaza.** This plaza consists of one of the oldest clusters in Tikal. Finally, worthy of mention is the **Bat Palace** (Palacio de las Ventanas) to the west of Temple III.*

En la página de la izquierda, templo I o templo del Gran Jaguar visto desde la Acrópolis norte.

Opposite: Temple I, the Great Jaguar Temple, as seen from the North Acropolis.

Cuevas del Rey Marcos.

The Rey Marcos Caves.

COBÁN, LA PATRIA DEL QUETZAL

Cobán es la cabecera de la **Alta Verapaz** y el corazón de Guatemala, una zona natural de alto valor ecológico (gran variedad de orquídeas, hábitat del quetzal), dominada por selva húmeda donde abundan caudalosos ríos, grandes cascadas y cuevas. De la **"Ciudad Imperial"** y cafetera de Cobán destaca la **Catedral**. La Catedral tiene bellos retablos y la campana, que cayó desde la torre, preside un largo paseo donde se asoman algunas casonas relevantes, como la **Municipalidad**. Detrás de la Catedral se celebra un colorido mercado agrario. La **iglesia del Calvario** es otro de los restos coloniales que conserva Cobán, un excelente mirador en el **Parque de las Victorias**. De las visitas recomendables a los alrededores destacan **San Juan Chamelco**, donde la estatua de Juan Matalbatz preside la plaza donde se encuentra la bella iglesia colonial; están próximas las **cuevas del Rey Marcos**, un tranquilo y misterioso espacio natural. Como cuevas también son importantes las **Grutas de Lanquín** y las **de Candelaria**, surcadas por ríos. Entre los innumerables espacios naturales destaca **Semuc Champey**, un complejo de pozas escalonadas de excepcional belleza. Dentro de este ambiente ecológico es necesario mencionar el **alojamiento rural Ram Tzul**, en el cercano **Biótopo del Quetzal**, característica ave nacional. La **Baja Verapaz** muestra sosegados paisajes en una tierra que se consideraba de guerra, por la resistencia que los indígenas ofrecieron a los españoles. El **Valle de San Jerónimo** ofrece en su cabecera uno de los saltos de agua más espectaculares de Centroamérica: **el Salto de Chilascó**. Destacan también los centros urbanos como **Salamá**, la cabecera, **San Jerónimo,** con su i**glesia colonial** y el **Museo del Trapiche**, así como los **centros artesanos de Rabinal** y **San Miguel Chicaj.**

COBÁN, THE HOME OF THE QUETZAL

*At the heart of Guatemala lies Cobán, the capital of **Alta Verapaz** and an important ecological area, home to a great variety of orchids and the quetzal bird. Its rainforest abounds with swift rivers, large waterfalls, and caves. The highlight of this "imperial" coffee-growing city is its **Cathedral**. With its beautiful altarpieces and its bell, which fell out of the tower, it looks down on a long street where some important large edifices are found, among them **City Hall**. A colorful agricultural market takes place behind the Cathedral. Another reminder of Coban's colonial heritage, the **Calvario Church** in **Las Victorias Park** provides a wonderful view. Recommended side trips to nearby areas include visits to **San Juan Chamelco**, where the statue of Juan Matalbatz presides over a square on which a beautiful colonial church can be found. Also near Cobán are many caves. Chief among them are the **Lanquín Grottoes** and the **Candelaria Caves**, chiseled out by flowing rivers. Among the numerous natural areas worthy of mention are **Semuch Champey**, a group of scattered pools of exceptional beauty. Within this natural setting, the **rural Ram Tzul Hotel** located in the nearby **Biótopo del Quetzal Nature Reserve**, a sanctuary for the national bird (the quetzal), must be mentioned. The **Baja Verapaz** offers gentler countryside in a land which was considered warlike because the natives strongly resisted the Spaniards. At one end, the **San Jerónimo valley** boasts one of the most spectacular waterfalls in Central America, the **Salto de Chilascó**. Among urban centers, **Salamá**, the capital, **San Jerónimo** with its **colonial church** and **Sugar Mill Museum**, and the handicraft **centers Rabinal** and **San Miguel Chicaj** are worthy of mention.*

Imágenes de Alta Verapaz. Salto de agua y mercado de Cobán.

Scenes from Alta Verapaz. Waterfall and the Cobán market.